KB209923

3

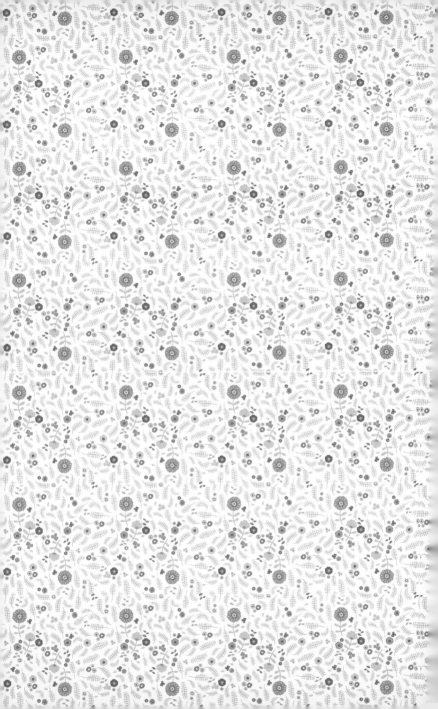

생각을 현실로 만드는
백문백답

생각을 현실로 만드는
백문백답

이진아 지음

알파미디어

내가 인생에서 놓치고 있는 것들

요즘의 저는 기다리는 사람 같습니다. 끊임없이 알 수 없는 무언가를 갈구하는 사람 같습니다. 무얼 하든 저의 짧고, 쉽기까지 한 집중력을 탓합니다. 그만큼 몰두하기 어렵습니다. 핸드폰의 깜박임만이 시간을 흐르게 하고 저를 즐겁게 해줍니다. 누군가라도 이런 저의 모습까지 이해해주었으면 좋겠습니다.

저를 잘 아는 사람이 있다는 사실은 행복일까요, 불행일까요. 이제 저는 인연들을 그만하고 싶습니다. 사랑을 주는 것이 이제야 두렵습니다. 모든 사람에게 주는 사랑을 줄일 수 있다면 좋겠으나, 그것은 나의 욕심이자 세상 윤리에 대한 반항 같이도 느껴집니다. 어쩔 수 없는 사랑도 있고 그것이 속절없이 쏟아질 때도 분명 있기 마련일 것입니다. 그 순간들을 견딜 수 없다면, 어찌할 바 모르겠다면 저는 뭘 더 할 수 있을까요.

살아갈수록 모르겠습니다. 예전에는 모르겠다는 말이 무척이나 불필요하고 책임감 없게 느껴졌습니다. 그런데 지금은 모

든 말이 무책임하다고 생각합니다. 아주 극적인 순간이 아닌
이상 인생을 바꿀 수 있는 한 마디는 존재하지 않기에, 누군가
에게 건네는 말은 매우 유해할 수 있음을 유념해야 한다고 절
실히 느끼고 있습니다. 그래서 저는 '당신'에 대해 말하는 행위
를 꺼립니다. 저는 오직 저에 대해서만 떠들고 있었습니다. 저
의 치부도 마다하지 않고 받아들여 달라고 애원하듯 말하고
있었습니다. 모든 사람이 그럴 수 없다는 걸 알고도, 말하기를
멈추지 않았던 것 같습니다.

　이런 식으로 계속 말하다 보면 그저 반성문에 불과하겠군
요. 저는 더 이상 제 잘잘못을 따지고 싶지 않습니다. 제가 해
를 끼치는 사람은 저에게서 그치거든요. 그것이 제가 질책을
들을 때 싫은 감정을 갖게 되는 이유입니다. 저는 저를 위해
가장 소중했던 인연을 놓았기도 하고 병원에 도움을 청하기도
했습니다. 저는 결과와 상관없이 아주 만족합니다. 미운 과거

에 미련이 없는 저에게 매우 칭찬해주고 싶습니다. 저는 그렇습니다. 이런 식으로 겨우 살아가고 있습니다.

저는 이러한 개인적인 감정이 비단 저의 이야기로만 끝나지 않을 것만 같습니다. 저는 저에 대해 더 파고들 필요가 있다고 느꼈습니다. 하루에 하나씩 질문을 던지면 알 것도 같았습니다. 그렇게 해서 만들어진 이 책은 100일동안 한쪽 페이지에 100개의 질문에 대한 답을 하며 내가 몰랐던 나의 모습을 알아가는 지침서가 되어줄 것입니다. 혹은 내가 잘 알고 있던 나의 모습을 또다시 발견하게 되는 계기가 될지도 모르겠습니다.

여하튼, 100일 동안 당신만의 이야기를 만들어 나가보세요. 꾸준함만이 우리를 살게 하는 원동력입니다.

|차례|

제1장

타고난 자질과
야망의 줄다리기

Q 001

나는 외향적인가, 내향적인가?
나의 성향을 그렇게 생각하게 된
이유는 무엇인가?

A

우리 자신을 외부로부터 객관적으로 들여다보기 전까지
우리는 우리의 동기를 다른 사람에게 투영한다.
- 《스티븐 코비에게 배우는 효과적인 삶》, 스티븐 코비

Q 002

나는 이성적인 편안가, 감성적인 편안가?
그렇게 생각하게 된 계기가 있다면
무엇인가?

A

사람들은 올바른 이성과 양심을 닦기 위해 애쓰는 것보다 몇천 배 재물을
얻고자 하는 일에 심혈을 기울인다. 하지만 우리의 참된 행복은
우리 자신 속에 있는 것이지, 옆에 있는 물건이 아니다.
-아르투어 쇼펜하우어

Q 003

나의 직업은 무엇이고, 어떤 과정을
거쳐 이곳까지 도달하게 되었는가?
직업이 없다면 지금 나는 어떤 직업을
희망하고 있는가?

A

원하는 것을 생각하고 현재 있는 곳에서 할 수 있는 것을 하기 시작해야 한다.
그리고 할 수 있는 모든 것을 해야 한다.
현재 있는 곳에서 더 큰 능력을 발휘해야만 더 나은 사람이 될 수 있다.
-《부는 어디에서 오는가》, 월리스 와틀스

Q 004

나는 목표, 행동, 장소의 변화를
추구하는가, 그렇지 않은가?
그에 따라 일하는 방식이
어떻게 달라지는가?

year   *month*   *day*

A

삶을 온전히 음미할 수 있는 능력 없이 긴 시간 동안
삶을 부분적으로만 경험하는 것은 분명히 잘못된 접근이다.
-《인생을 최고로 사는 지혜》, 아놀드 베넷

Q 005

청소년기에 겪은 일 중 가장 큰
실수였다고 생각되는 것이 있는가?
그것이 현재에 어떤 영향을 끼치는가?

A

실제 인생에서는 잘못하거나 실패하지 않으면 아무것도 배울 수 없네.
자전거를 타는 것부터 테니스, 골프, 연애, 일 등 무엇이든 실패하지 않고
잘할 수 있는 것은 없네. 행동할 때마다 무의식중에 실패에 대한 두려움이 튀어나오지.
두려움을 극복하고 행동할 수 있는가가 성공의 열쇠이네.
-《스무 살에 만난 유대인 대부호의 가르침》, 혼다 켄

Q 006

나는 야심 있는 사람인가, 아닌가?
야심 있는 사람들은 대개 권력, 돈,
지식 중 하나를 추구한다는 말에
동의하는가?

A

감정 없는 사람이 성공하기란 어렵네. 그 사람 내면에 끓어오르는
열정의 불꽃이 없으면 소용이 없다네. 왜냐하면 사람은 감정적으로 다른 사람에게
영향을 잘 받기 때문이라네. 어떤 일이라도 전력을 다해야 하네.
그러면 분명 그것을 알아봐 주는 사람이 나타나게 마련이지.
-《스무 살에 만난 유대인 대부호의 가르침》, 혼다 켄

Q 007

나의 내면의 평온을 유지하는
방법이 있다면?

A

왕이든 농부든 집에서 평화를 찾는 사람이 가장 행복하다.
-요한 볼프강 폰 괴테

삶의 진정한 평화는 외부에서 오는 것이 아니라,
내 마음속에서 찾을 수 있습니다.
이를 깨닫고 실천하는 순간 우리는 세상의 모든 부를
가진 사람보다 더 부유한 존재가 됩니다.

Q 008

내가 생각하는 나의 좋은 습관과
그렇지 못한 습관은 무엇인가?

A

감사하는 습관을 들이기 시작하면 놀라운 동시성이 일어날 것입니다.
인생은 당신을 새롭고 흥미로운 방향으로 인도할 것입니다.
가능하다고 생각했던 것보다 더 많은 가치 있는 일을 하게 될 것이며,
당신의 가능성은 더욱 확장될 것입니다.
-《감사의 선물》, 루이스 L. 헤이

Q 009

여태 인생을 살면서 겪었던 실패는
어떤 것이 있는가?
나는 그것을 어떻게 극복했고
극복하고 있는 중인가?

year   *month*   *day*

A

많은 사람은 갑자기 실현 불가능한 일을 목표로 삼는다.
10미터 높이를 한 번의 점프로 날 수는 없다.
하지만 30개의 계단을 갖다 붙이면 충분히 오를 수 있다.
-《스무 살에 만난 유대인 대부호의 가르침》, 혼다 켄

Q 010

시간을 되돌릴 수 있다면
가장 바꾸고 싶은 것은 무엇인가?

A

선택을 내릴 수 있는 우리의 능력은 우리 각자가 리더라는 사실을 확실히 보여준다.
매일 우리는 선택을 하고 그 선택은 삶, 가족, 조직, 공동체가 나아가는 방향에
영향을 미친다. 만약 자연법칙에 대한 이해가 부족하거나 이해 없이 선택을 한다면,
그 선택은 단순화되고 반작용적이며 근시안적이고 자기중심적으로 될 확률이 높다.
-《스티븐 코비에게 배우는 효과적인 삶》, 스티븐 코비

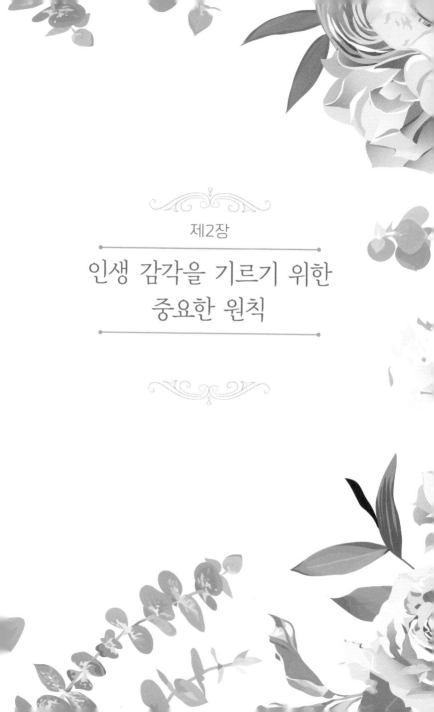

제2장

인생 감각을 기르기 위한
중요한 원칙

Q 011

흔히 '역지사지'라고 하는 말을
실생활에서 실천해본 경험이 있는가?
있다면 어떤 일련의 과정이 있었는가?

바로잡는 것은 많은 것을 이룰 수 있지만,
격려하는 것은 더 많은 것을 이룰 수 있다.
- 요한 볼프강 폰 괴테

바로잡는 것은 사람을 변화시키지만
격려하는 것은 사람에게 앞으로 나아갈 수 있는 용기를 줍니다.
그 힘은 무엇보다 큽니다.

Q 012

상대방을 부정적으로 평가하거나
미워한 적이 있는가?
있다면 그는 어떤 사람이었고
어떤 사건이 있었는가?
그러한 당신의 태도에 대해서
스스로 어떻게 평가하는가?

타인의 생각이 겉핥기에 불과하다는 것을 알게 되면,
우리는 그들의 생각에 무관심해지게 될 것이다.
- 아르투어 쇼펜하우어

타인에 대해 어떻게 생각하는지에 따라 인간관계의
깊이와 질에 영향을 미칩니다. 타인과의 관계에서는
더 깊은 이해와 공감을 추구해야 우리는 타인으로부터
긍정적인 영향을 주고받을 수 있습니다.

Q 013

반대로 상대방을 긍정적으로
생각해본 경험이 있는가?
있다면 그는 어떤 사람이었고
그와 어떤 사건이 있었는가?
그러한 당신의 태도에 대해서
지금은 어떻게 느끼는가?

A

우리는 우리의 의도를 보고 나 자신을 판단한다.
남에 관해서는 그들의 행동을 보고 그들을 판단한다.
- 《스티븐 코비에게 배우는 효과적인 삶》, 스티븐 코비

Q 014

상대방이 되어보고 이해해 보는 것에서
나아가면 또 다르게는 어떤
방법이 있다고 생각하는가?

A

인간관계를 향상하려면
남이 변화하기를 바라지 말고 쉬운 지름길을 찾지 마라.
자신을 들여다보라. 자신에게 정직하라.
문제의 근원은 영적인 차원에 있다.
영적 쇄신이 뿌리를 바꾸는 해결책이 된다.
- 《스티븐 코비에게 배우는 효과적인 삶》, 스티븐 코비

Q 015

이제 나와의 관계로 들어가서,
나의 걱정은 무엇이며 그 원인은 무엇인가?
그 원인은 나의 의지로 해결할 수
있는 것인가 아닌가?

A

당신이 당신 자신에 대한 효과적인 관리자라면, 당신의 규율은 내면에서 생겨난다.
규율을 지닌다는 것은 당신의 독립 의지가 작용하는 것이다.
당신은 당신 자신만의 심오한 가치와 그 근원에 대한 신봉자이자 추종자다.
당신은 당신의 감정과 충동, 기분보다 그 가치를 우선시하는 의지와 진정성을 지닌다.
- 《스티븐 코비에게 배우는 효과적인 삶》, 스티븐 코비

Q 016

어려움을 겪을 때 우울에만
빠져 있지 않고 반복적으로 긍정적인
생각을 한 경험이 있는가?
그 생각은 효과가 있었던가?

나는 주름을 걱정하는 것보다 웃음이 더 중요하다고 생각합니다.
요즘은 웃음이 많아진 나를 발견합니다. 행복한 고민이긴 하지만, 어렸을 때보다
더 많이 웃는 게 편안하고 자유로워졌습니다.
마치 나의 좋은 생각이 행복에 찬 순수한 상태로 되돌린 것 같아요.
- 《감사의 선물》, 루이스 L. 헤이

Q 017

걱정을 털어놓아
가벼워진 경험이 있는가?

A

망각한 자는 복이 있다. 그들은 심지어 자신이 저지른 실수마저 이겨낸다.
- 프리드리히 니체

망각은 때로 축복입니다. 우리가 실수마저도
잊어버리게 될 땐, 그것이야말로 새로운 시작의 힘이 됩니다.

Q 018

인생의 다방면에서 도움이 되지 않는
습관을 깨뜨리는
나만의 방법이 있는가?

A

각각의 습관을 실행하는 일은 주도적인 근육을 키우는 일과 같다.
각각의 근육은 우리가 행동으로 옮기는 데 필요한 책임감을 부여한다.
실행이 되길 기다리면, 수동적 행동이 일어나기 마련이다.
성장과 기회는 어느 한쪽 길로 들어서면 다른 결과로 나타난다.
-《스티븐 코비에게 배우는 효과적인 삶》, 스티븐 코비

Q 019

상대방과 관련한 문제와
나 자신과의 문제가 동시에 발생했을 때
둘 중 어느 것을 먼저 해결해야
한다고 생각하는가?

A

언젠가 사랑은 옵니다. 사랑에 대한 절박한 욕구를 놓아주고,
그 대신 사랑이 완벽한 시간과 공간 순으로 나에게 오도록 허락합니다.
오래 사랑하는 관계는 내 삶을 밝게 합니다.
나는 건전한 관계를 끌어당깁니다.
항상 나는 좋은 대우를 받습니다.
가장 좋은 관계는 나와 함께하는 관계입니다.
-《감사의 선물》, 루이스 L. 헤이

Q 020

나는 걱정하는 습관이 있다고
생각하는가?

이론은 회색이요, 삶의 황금 나무는 언제나 푸르다.
- 요한 볼프강 폰 괴테

이론은 단지 머릿속에서 그려진 그림에 불과하지만,
실제 삶은 그것을 넘어서며 생기를 띠고 길게 이어져 갑니다.

55

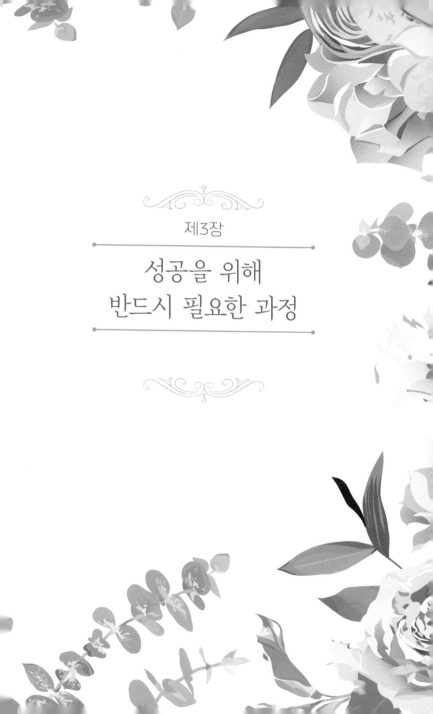

제3장

성공을 위해
반드시 필요한 과정

Q 021

'교육의 목적은 우리가 완전한
삶을 살 수 있도록 준비하는 것이다
(허버트 스펜서의 말).'라는데,
나는 교육의 목적이 무엇이라 생각하는가?

A

우리가 자신이 누구인지 시간과 공간에서 우리의 위치가 어떠한지 모른다면,
완전한 삶을 영위할 것이라는 기대는 비합리적이다.
우리는 우리가 매달려 있는, 거대한 우주 속에서 소용돌이치는 지구에 대해서도
어느 정도 일반적인 지식을 갖고 있어야 한다.
- 《인생을 최고로 사는 지혜》, 아놀드 베넷

Q 022

교육을 받는 중에 상식과
예절에 어긋나는 경험으로
고통받은 경험이 있었는가?
있었다면 어떤 사건이었는가?

year month day

A

연민은 도덕의 토대다.
- 아르투어 쇼펜하우어

연민은 인간의 마음속 가장 깊은 곳에서 나오는 감정이므로,
남의 고통을 느끼고, 그 고통을 덜어주려는 마음은
도덕적 삶의 출발점이 됩니다.

Q 023

'실제로 많은 부모가 자신이 무엇을
하는지 전혀 모른 채 자녀 양육이라는
엄청나게 어려운 일을 시작하는 경우가
너무나 많다.' 나의 부모도
그런 경험이 있었을지 생각해보자.
그때 겪었을 나의 고통은
어떤 것이 있었는가?

year   month   day

A

인간의 성숙이란, 어렸을 때 가지고 있던 의젓함을 다시 획득한 것을 의미한다.
- 프리드리히 니체

동심을 잃었다고 하여 인간이 진정으로 성숙해지는 길을 걷는 것은 아닙니다.
어렸을 때 가졌던 의젓함이 점점 진중함으로 발전할 때
우리의 사고와 감정은 무르익습니다.

Q 024

그렇다면 반대로, 내가 부모가
되었을 때 (혹은 내가 지금 부모인
경우에) 자녀에게 제공할 수 있는
'좋은 교육'은 어떤 것이 있는가?

A

아이에 대한 책임은 무슨 일이 있어도 끝날 수 없다.
만약 아이가 성인이 되어 사악한 범죄로 10년 징역형을 받더라도,
부모는 아이가 풀려날 때 감옥의 문 앞에서 기다리게 되어있다.
부모가 자녀를 만들었고, 자녀는 온전히 그들의 작품이다.
자녀는 완전한 삶을 살고자 하는 부모들의 이기적 욕망의 산물이다.
-《인생을 최고로 사는 지혜》, 아놀드 베넷

Q 025

대학 진학이 인생에서 꼭 필요한
경험이라 생각하는가?

A

청년을 타락시키는 가장 확실한 방법은 같은 생각을
하는 사람들이 그를 존경하도록 가르치는 것이다.
- 프리드리히 니체

청년을 타락시키는 가장 확실한 방법은 다양한 사고를 존중하며
받아들이지 않고, 동일한 생각만을 추구하도록 만드는 것입니다.

Q 026

나는 나의 기질에 따라 어떤 교육을
받고 싶었고 어떤 교육을 받아왔는가?

year   month   day

A

우리는 지리를 통해 환경의 중요성을 배우고, 역사를 통해 모든 행위에는
결과가 따르며 그 결과를 피할 수 없다는, 화가 나지만 유용한 진실을 배울 것이다.
또한 사회는 끊임없이 움직이며, 어떤 실체에서 다른 실체로 진화하고 있다.
최종적이거나 절대적인 것은 없다. 목표는 없지만 일련의 과정은 있다.
모든 것은 유동적이거나 변화하는 상태에 있다.
그리고 이것이 바로 삶의 본질이자 의미이다!
- 《인생을 최고로 사는 지혜》, 아놀드 베넷

69

Q 027

내가 받아온 교육은 인생에 있어서
실질적인 도움이 되었는가?

A

도대체 어디에 써먹으려고 뭘 배우는 거지?

그가 새로운 지혜로 무엇을 할 수 있을지는 아무도 모른다.

그러나 모든 과학이 완전한 허구 위에 세워지지 않는 한, 무덤 이쪽에서든 저쪽에서든

그 무엇을 잃어버리지도, 잃어버릴 수도 없다. 우리는 무덤 반대편에 대해서는 아무것도

모르고 확실히 알 수도 없다. 우리는 이 사실을 알아야 한다.

어쨌든 배움은 어떤 경우에도 결코 낭비가 아니다.

- 《인생을 최고로 사는 지혜》, 아놀드 베넷

Q 028

내가 현재 타인에게서나 타 기관이나
타지에서 어떠한 교육이라도
받을 수 있는 상황이라면,
내가 받고 싶은 교육은 무엇인가?

A

항상 제자로 남으면 스승에게 나쁜 보답을 하는 것이다.
- 프리드리히 니체

항상 제자로 남는 것은 결국 스승에게서 독립하지 못했다는 뜻입니다.
우리는 스스로 성장하고 그 길을 나아갈 줄도 알아야 합니다.

Q 029

나는 교육자가 된다면 어떤 분야의
어떤 사람이 될 것 같은가?

A

어리석은 자는 자신이 현명하다고 여기지만, 현명한 사람은 자신이 어리석음을 안다.
-《뜻대로 하세요》, 윌리엄 셰익스피어

Q 030

내가 나에게 할 수 있는
'좋은 교육'이란 어떤 것이 있는가?

year   *month*   *day*

A

농부가 농작물이 자라는 생화학적 반응을 다 이해하지 못할지도 모른다.
씨앗을 뿌리고 농작물을 키우는 자연적 과정을 이해할 때
농부는 생산성을 더욱 향상하게 된다.
- 《스티븐 코비에게 배우는 효과적인 삶》, 스티븐 코비

제4장

일에는 아낌없이
열정을 쏟는다

Q 031

나의 (누군가에게 고용되는 형태의)
사회생활은 어떻게 시작되었나?
아직 시작되지 않았거나 형태가
다르다면 어떤 생활을 꿈꾸고
실행하고 있는가?

year   month   day

A

일을 하지 않으면 안 된다는 점에서는 스포츠 선수나 뮤지션 대부분도 비자유인이지.
작년에 아무리 많이 벌었다고 해도, 올해 타석에 서서 안타를 치지 않으면 보수를
받을 수 없네. 타석에 10번 서서 안타를 3회 쳤던 사람이 이제 한 번이라도 실수하면,
내년의 수입은 없다고 치는 게 나아. 뮤지션도 무대에서 노래를 불러야만 돈이 생기네.
히트곡이 나오지 않으면 노래를 불러도 돈이 되지 않지.
- 《스무 살에 만난 유대인 대부호의 가르침》, 혼다 켄

Q 032

성공을 위해서는 어떤 계획이
첫걸음이 되는가?

year   *month*   *day*

A

각각의 부분은 다른 모든 부분에 살아 있는 결합을 이룬다. 어느 부분에서 일어나는 변화
는 모든 부분에 영향을 미친다. 리더십 문제를 생명체에 비유하여 바라보는 법을 배울 때,
우리가 리더십 문제를 다루는 방식에 극적인 변화가 일어난다. 성공하는 리더에게
변화는 친구이자 동반자, 영향력 있는 도구, 성장의 근간이다.
- 《스티븐 코비에게 배우는 효과적인 삶》, 스티븐 코비

Q 033

저축은 무엇을 위해 어떤 방식으로
얼마나 하고 있는가?
저축이 습관이 되었는가?

year　　　*month*　　　*day*

A

이제 독립적인 생활을 시작하고 처음으로 세상에서 홀로 생계를 유지하며,
모든 필수품과 사치품을 자신의 노력으로 사야 하는 젊은이가 취해야 할 한 가지
기본적인 안전장치가 있다. 너무 초보적인 사항이라 이름 붙이기도 민망하지만,
그렇더라도 언급하지 않을 수는 없다. 왜냐하면 많은 사람이 끈질기고
무던한 자세로 이를 무시하기 때문이다. 그것은 바로 넛줄이다.
- 《인생을 최고로 사는 지혜》, 아놀드 베넷

Q 034

나는 어떤 보험을 들고 있는가?
그로부터 안정감을 느끼는가?

year   *month*   *day*

A

우리는 살아가면서 계속해서 미지의 것들과 만날 수밖에 없다. 우리는 농부처럼 매년
농작물을 수확하면서 어떤 일을 겪을지 정확히 예측하지 못한다. 날씨와 여러 여건을
예측할 수 없기 때문에 농작물을 수확하는 시기가 변경될 때도 있다.
언제 어떤 요인 때문에 농작물이 파손될지 모른다.
-《스티븐 코비에게 배우는 효과적인 삶》, 스티븐 코비

Q 035

나는 일에 대해서 근면한 편인가?

A

결실을 얻기 위한 활동은 쉽지 않다. 좀처럼 진전을 못 하는 경우도 있다.
그럼에도 씨앗은 자라고 열매를 맺는다. 정원을 가꾸는 일, 그 경험을 내 교육과
철학에 긴밀히 연결 지음으로써 나는 내가 삶에서 직면하는 모든 일을 이해하고
그에 감사하게 되었다고 생각한다.
- 《스티븐 코비에게 배우는 효과적인 삶》, 스티븐 코비

Q 036

나는 확실하고 안정된 것을
선호하는가, 그 반대인가?

year   *month*   *day*

A

나는 오랫동안 현장을 경험하면서 중요한 사실을 발견했다.
연극이든 오페라든 몇 년 동안 계속해서 성공할 가능성이 분명치 않으면
연습해서는 안 된다는 것이다.
-《괴테의 인생 수업》, 사이토 다카시

Q 037

여태까지의 인생에서
가장 큰 도전은 무엇이었는가?

year　　*month*　　*day*

A

우리의 선택은 지혜를 비추고 헌신으로 이어진다.
- 《스티븐 코비에게 배우는 효과적인 삶》, 스티븐 코비

93

Q 038

'우리 중 누구도 자신만의 기준으로
세상을 다룰 수 없다.' 갈등을 줄이고
안전해지기 위한, 효율적이고
사소한 일 하나를 오늘 실천해본다면?

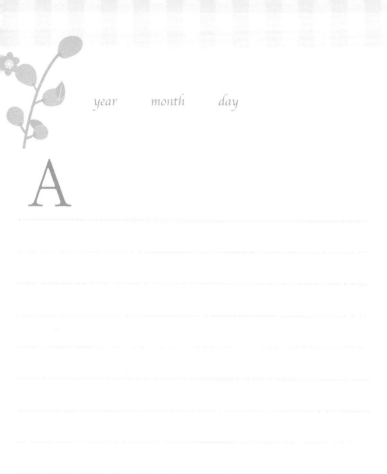

year　　　*month*　　　*day*

A

적어도 한 번조차 춤추지 않은 날은 잃어버린 날로 간주해야 한다.
- 프리드리히 니체

사소한 행복과 즐거움은 삶을 윤택하게 합니다. 한 번조차
춤추지 않는 날은 단조로운 하루로, 잃어버렸다고 해도 과언이 아닙니다.

Q 039

'인생에서 가장 큰 일은 가장 작은 일에
달려있다.' 현재 내가 겪고 있는
가장 큰 일과 작은 일은 무엇인가?

year   *month*   *day*

A

세계는 나의 표상이다.
- 아르투어 쇼펜하우어

우리가 무엇을 느끼고, 무엇을 보고, 무엇을 듣고, 이를 통해
무엇을 형성해 나갔는지에 따라 내가 보는 세계를 결정합니다.

Q 040

저축을 넘어선 '투자'를 하고 있는가?
투자에 대해서 어떻게 생각하는가?

year   month   day

A

돈의 법칙에는 지성적 측면과 감성적 측면, 두 가지가 있다. 즉, 돈 버는 방법도 알아야
하지만 돈과 관계도 잘 맺어야 행복한 부자가 된다.
-《스티븐 코비에게 배우는 효과적인 삶》, 스티븐 코비

제5장

사랑은
사람을 변화시킨다

Q 041

나의 첫사랑은 어떤 상대였고
어떤 매력을 느꼈나?

year   *month*   *day*

A

사랑에서 행해진 것은 항상 선악을 초월한다.
- 프리드리히 니체

사랑에서 비롯된 행동은 선악을 초월한 무조건적입니다.
사랑은 세상의 이분법적인 구분을 넘어서는 힘을 지녔습니다.

Q 042

사랑을 하는 것의 장단점은
무엇이라 생각하는가?

year   month   day

A

사랑은 모든 것을 더 가깝게 만들어준다.
우리는 우리 자신을 더 잘 이해하고, 다른 사람도 이해하게 된다.
- 요한 볼프강 폰 괴테

사랑에는 나를 더 잘 이해할 수 있도록 이끌어주는 힘이 있습니다.
다양한 사람을 만나고 사랑함으로써
내게 어떤 면모가 있는지 알아갈 수 있습니다.

Q 043

'사랑하는 사람의 친구의 수'가
중요하다고 생각하는가?

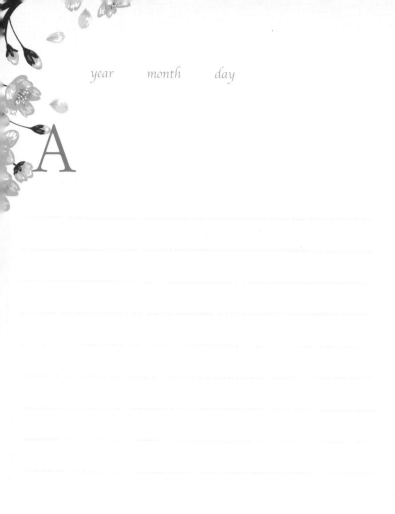

year   *month*   *day*

A

진정한 우정은 친구들의 수가 아니라
그 깊이와 소중함으로 판단할 수 있다.
- 벤 존슨

107

Q 044

사랑에서 긍정적인 힘을 얻었다면
어떤 경험이었는가?

year   month   day

A

어쩌면 우리의 불완전함이 서로를 완전하게 만들었을지도 모른다.
- 제인 오스틴

누군가를 사랑한다는 것은 부족한 내가 앞으로
더 나아질 수 있도록 인도하는 여정일지도 모릅니다.

Q 045

'사랑은 엄청난 힘이지만, 사랑만으로는
충분하지 않다.' 이 말은 연애에 있어서
언제까지 유효하다고 생각하는가?

A

때때로 사람들이 진실을 듣고 싶어 하지 않는 이유는 환상이
깨지기를 원치 않기 때문이다.
- 프리드리히 니체

사람들이 진실을 외면하는 이유는 간직하고 있는
환상을 잃고 싶지 않기 때문입니다.
진실은 때로 우리의 환상을 무너뜨립니다.

Q 046

'세상에서 가장 중요한 계약을 체결하는 많은 커플이 가구 선택이나 연극 관람 같은 취미 활동에 대한 선호를 제외하고는 서로에 대해 별로 알지 못한다.' 커플이 서로를 더 잘 알기 위한 활동에는 무엇이 있다고 생각하는가?

year   month   day

A

진정한 사랑의 길은 절대로 평탄하지 않다.
- 윌리엄 셰익스피어

사랑은 어려움 속에서 더욱 빛나는 감정입니다.
서로를 깊이 알아가는 데엔 많은 인내와 대화, 그리고 시간이 필요합니다.

Q 047

나는 연애를 할 때 상대방의
어떤 이점에 끌리는가?

year   month   day

A

사랑은 눈으로 보지 않고 마음으로 본다.
- 윌리엄 셰익스피어

꼭 눈에 보이는 모습만으로 상대방에게 사랑에 빠지는 것은 아닙니다.

Q 048

나는 연애만을 위한 연애를 원하는가,
결혼으로 이어지는 연애를 원하는가?

A

세상을 알면 알수록, 내가 진정으로 사랑할 수 있는 사람을
절대 만나지 못할 것이라는 확신이 든다. 나는 너무 많은 것을 요구한다.
- 제인 오스틴

결혼하기 위해서는 경제적 조건, 사회적 지위 등
현실적인 요소들을 우선으로 생각하나,
서로를 향한 사랑 역시 매우 중요합니다.

117

Q 049

나는 사랑에서 궁극적으로
무엇을 원하는가?

year month day

A

사랑은 지배하지 않고, 경작한다.
- 요한 볼프강 폰 괴테

사랑은 지배하는 것이 아닌 서로를 성장시키는 힘입니다.
진정한 사랑은 서로 함께 나아가는 여정입니다.

Q 050

이성과 판단력이 사랑을 지배할 수 있다면
결혼이 가능할 것이라 생각하는가?

year   month   day

A

사랑에는 항상 약간의 광기가 있다.
그러나 광기 속에도 약간의 이유가 있다.
- 프리드리히 니체

약간의 광기와 약간의 이성이 한데 어우러져 사랑을 만듭니다.

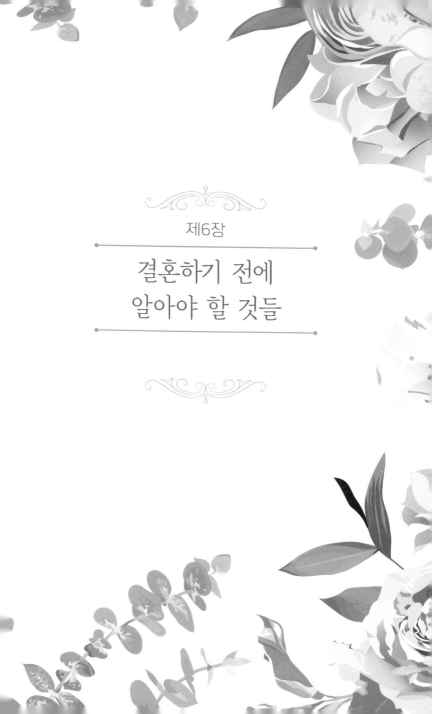

제6장

결혼하기 전에
알아야 할 것들

Q 051

나는 언젠가 결혼하고 싶은가,
이미 결혼한 상태인가?

year   *month*   *day*

A

결혼에서의 행복은 전적으로 운에 달려 있어요.
- 제인 오스틴

연애와 달리 결혼은 더욱 냉소적인 현실을 반영합니다.

Q 052

'결혼'이 심각한 문제라는 사실을
1에서 10 중 어느 정도로 책정하고
있는가? 그 이유는 무엇인가?

year   *month*   *day*

A

결혼하고 난 뒤 이루어지는 변혁적이며 친밀한 연결에서 기적 같은 일이 일어난다.
아기가 태어나는 일은 시너지가 발휘되어 이루어지는 가장 경이로운 결과다.
아기는 본래 엄마와 아빠의 고유한 조합으로 탄생한다.
-《스티븐 코비에게 배우는 효과적인 삶》, 스티븐 코비

Q 053

나의 결혼 생활은 어떠한가?
결혼하지 않았거나 그만둔
경험이 있다면, 내가 지금 상상하는
결혼 생활은 어떠한가?

'성격 불일치'라는 말에는 재정적, 감정적, 사회적, 성적 갈등 등 여러 다양한 문제가
반영되어 있다. '성격 불일치'는 차이점을 소중히 여기지 않고
다르다는 것에 분노하는 데서 비롯된다.
- 《스티븐 코비에게 배우는 효과적인 삶》, 스티븐 코비

Q 054

결혼 생활 중 권력 불균형의 사태가
일어난다면 나는 어떻게 처신할
것인가?

A

결혼은 인간이 서로 법적인 결합뿐만 아니라 도덕적으로
책임지는 관계를 형성하는 것이다.
- 칸트

법적으로 묶였다고 하여 결혼이 아닙니다.
도덕적인 책임이 서로에게 늘 존재해야만
결혼이라고 할 수 있습니다. 그것이
깨졌다면 진정한 결혼이 아닙니다.

Q 055

결혼 생활 중 인간관계에 대한
문제가 발생한다면 나는 어떻게
처신할 것인가?

year   *month*   *day*

A

사람은 자신의 마음을 잘 붙들어야 한다.
그렇지 않으면 머리도 통제할 수 없게 된다.
- 프리드리히 니체

마음을 잃으면 결국 이성도 함께 잃게 되므로,
마음은 지키되 감정의 균형을 유지해야 합니다.

Q 056

'남편이 자신의 목표를 달성하기 위해
아내를 부당한 궁핍과 고통에 빠트린다면,
이는 사회적 범죄에 해당한다.'
나에게 배우자가 이러한 '사회적 범죄'를
저질렀다면 어떻게 할 것인가?

누가 돈을 벌든 부부의 것이라는 사실을 받아들여야 한다.
그것은 풍요로움이 두 사람의 사랑과 유대에서 들어오는 것이므로
입구가 어디인지는 그다지 중요하지 않다는 것이다.
공동사업처럼 인식한다.
- 《스무 살에 만난 유대인 대부호의 가르침》, 혼다 켄

Q 057

당신은 '이혼'의 이유에 대해
어떻게 생각하는가?

year   month   day

불행한 결혼의 원인은 사랑이 부족해서가 아니라 우정이 부족해서이다.
- 프리드리히 니체

사랑의 결여가 아닌, 우정과 이해의 결핍이 결혼을
불행하게 만듭니다. 결혼은 사랑만으로는 충분하지 않고,
역시 우정도 함께해야 관계가 오래갑니다.

Q 058

상대방과의 결혼을 위해서 내가
포기할 수 있는 것들이 무엇인가?

A

무슨 일이 있어도 상대를 행복하게 해주고 싶다거나,
상대방도 나를 행복하게 해주는 것이 당연하다고 여기는 경향이 있다.
하지만 누군가가 다른 사람을 행복하게 할 수는 없다.
사람은 자기 자신만 행복하게 할 수 있다.
-《스무 살에 만난 유대인 대부호의 가르침》, 혼다 켄

Q 059

결혼이 오늘날의 사회에서
필수적이라 생각하는가?

A

결혼은 정말로 전략적인 사업이다.
- 제인 오스틴

결혼은 단순한 사랑의 문제가 아닙니다.
이 외에도 수많은 복잡한 이해관계 요소가 얽혀있습니다.

Q 060

과거와 지금을 비교했을 때,
결혼에 대한 인식이 얼마나 달라졌는가?

A

'삶은···' 그녀는 어물거렸다. '삶은·' 그녀는 삶에 대해 무어라
이야기하려고 했으나 끝내 하지 못했다.
그래도 상관없었다. 그는 충분히 이해한 듯했다.
로우리는 다정히 말했다. '그렇지 않나?'
-《가든 파티》, 캐서린 맨스필드

제7장

열정은 '똑같은 풍경'
속에서 시든다

Q 061

결혼 생활의 중기(10년에서 15년)에
접어들게 되었을 때 생활이 유지되기 위한
노력에는 무엇이 있다고 생각하는가?

A

다른 사람과 좋은 관계를 유지하고 싶다면 네 가지를 명심한다.
자기답게 지낼 것, 타인의 이야기를 잘 들을 것, 상대를 소중하게 대할 것,
자신의 진정한 마음을 상대에게 전할 것!
-《스무 살에 만난 유대인 대부호의 가르침》, 혼다 켄

Q 062

부부가 함께 할 수 있는 '기분 전환'에는
무엇이 있는가? 따로 즐긴다면
그에 대한 장점은 무엇인가?

A

음악이 없는 인생은 실수일 것이다.
- 프리드리히 니체

음악은 단순한 소리가 아닌 우리의 감정과 영혼을
충만히 채워주는 삶의 이야기입니다. 서로 좋아하는 음악을 들을 수 있는
LP 카페 등의 방문은 좋은 추억이 될 수 있습니다.

Q 063

나는 나와 함께하는 상대방을
어느 정도까지 이해하고 있는가?

year   *month*   *day*

진정한 사랑의 길은 결코 평탄하지 않다.
- 윌리엄 셰익스피어

사랑은 어려움과 인내 속에서 더욱 빛나는 감정입니다.

151

Q 064

'결론적으로, 성공적인 결혼 생활의 기초는
상호 애정과 존중이다.' 성공적인
결혼 생활의 덕목을 꼽는다면 어떤
단어로 표현할 수 있는가?

year   month   day

결혼은 자신의 권리를 반으로 줄이고 의무를 두 배로 늘리는 것을 의미한다.
- 아르투어 쇼펜하우어

결혼은 단순한 행복만을 주는 것이 아니라, 더 큰 책임과 헌신을
요구하는 것입니다. 이는 서로를 위한 의무적인 약속이고,
이를 통해 두 사람의 삶은 하나로 묶입니다.

Q 065

결혼 생활의 중기에서 남편이라면
아내에게, 아내라면 남편에게
줄 수 있는 기쁨이란 어떤 것이 있는가?

A

부드러운 마음씨와 동등한 매력은 없다.
- 제인 오스틴

상대방을 향한 애정과 이해는 늘 긍정적인 기운을 가져다줍니다.

Q 066

현대에는 '전통적으로 남편의 주된 책임이
가족 부양과 보호이며 아내의 주된 역할이 집안
에 기쁨을 주는 것'으로 고정되지
않을 수 있다. 남편과 아내의
역할은 지금까지
동등해지고 있다고 생각하는가?

A

우리에게 궁극의 자유란 자신 밖의 누구이거나
무엇이 우리에게 영향을 미치는 과정을 결정하는 권리와 힘이다.
- 《스티븐 코비에게 배우는 효과적인 삶》, 스티븐 코비

Q 067

가장 이상적인 결혼 생활의 지속은
어떤 것이라 생각하는가?

신뢰는 삶의 접착제다. 신뢰는 효과적인 소통에 필요한 필수 요소이며,
모든 인간관계의 중심이 되는 기본 원칙이다.
- 《스티븐 코비에게 배우는 효과적인 삶》, 스티븐 코비

Q 068

이상적인 결혼 생활에 어떠한 책임이
따른다고 생각하는가?

위대한 결혼은 각 배우자가 서로의 차이점을 소중히 여길 때 비로소 성립된다.
배우자가 결혼할 때 가져오는 문화, 재능, 장점, 기벽, 별난 습관,
타고난 소질 등은 감사하는 마음, 기쁨, 창조성의 원천이 된다.
– 《스티븐 코비에게 배우는 효과적인 삶》, 스티븐 코비

Q 069

결혼 생활에 성공과 실패가
존재한다고 생각하는가?

결혼은 오직 두 사랑 사이의 상호 동의에 의해 이루어져야 한다.
- 칸트

결혼의 시작과 끝에는 서로 동등한 위치에서 상호 합의가 분명해야 한다.

Q 070

결혼 생활에 관한 앞으로
나의 마음가짐은 어떠한가?

하늘에 떠오른 무지개를
바라볼 때면 나의 심장은 요동칩니다.
그리하여 이렇게 나의 삶이 시작되었습니다.
그리하여 이렇게 나는 사랑으로 거듭났습니다.
- 〈나의 심장은 요동칩니다〉, 윌리엄 셰익스피어

제8장

삶의
지속적인 번영

Q 071

과거, 현재, 미래 중 무엇을
생각할 때 행복해지는가?

A

사람은 자신이 미처 이루어내지 못한 것에 대해 가장 많이 후회한다.
- 요한 볼프강 폰 괴테

하고 싶은 걸 다 이루기에는 인간의 삶이란 너무나도 짧습니다.
미련을 남기는 것보다 털어내는 것이 삶에 더 큰 의미가 될 수 있습니다.

Q 072

현재의 생활 방식이 나의 신체적, 정신적
건강에 긍정적인 영향을 주고 있는가?

A

최대의 어리석음은 건강을 다른 어떤 종류의 행복을 위해 희생하는 것이다.
- 아르투어 쇼펜하우어

정신적이고 신체적인 안녕, 두 가지 모두가 원활하게
공존해야 인간은 삶을 이어 나갈 수 있는 의지를 얻을 수 있습니다.

Q 073

현재 시간과 에너지를 어디에 집중해야
나에게 장기적인 이익을 가져다주는가?

A

결국 가장 위대한 기술은 자신을 한정하고 타인으로부터 격리하는 걸 말한다네.
- 《괴테의 인생 수업》, 사이토 다카시

Q 074

나의 일상에서 행복을 찾기 위해
어떤 노력을 하고 있는가?

A

만족이란 고통에서 벗어나는 것, 즉 삶의 긍정적 요소이다.
- 아르투어 쇼펜하우어

인간은 그 자체로 불완전합니다. 그러나 그 불완전함에서
벗어날 수 있는 진정한 기쁨과 삶의 의미를 발견하고,
이를 통해 삶을 이어갑니다.

Q 075

지금 인생에서 내가 중요하게 생각하는
사람들을 꼽아보자면 어떤 이들이 있는가?

A

더 높은 사람은 인망이 두텁지 않음을 두려워하지 않는다.
- 프리드리히 니체

위대한 사람은 다른 사람의 평가에
구애받지 않고 자신만의 신념과 길을 따라갑니다.

Q 076

슬하에 자녀 혹은 반려동물이 있는가?
키우는 행위의 가장 큰 즐거움은
무엇이라 생각하는가?

year   month   day

A

우리는 가진 것에 대해 드물게 생각하고, 항상 부족한 것만 생각한다.
- 아르투어 쇼펜하우어

인생의 결핍에 초점을 맞추기보다는 현재의 삶과
가진 것에 대한 감사의 마음을 가지는 것이 더욱 중요합니다.

Q 077

자녀가 있다면, 그가 삶을
살아가는 데에 이것만큼은 꼭 배웠으면
하는 것이 있는가?

A

인간은 자신이 이해하지 못하는 것에 대해 존경심을 가지고, 믿는 법을 배워야 한다.
- 요한 볼프강 폰 괴테

사람은 내가 이해하는 것만 마음에 담아내고
자기 세상에 반영합니다. 더 넓은 세상을 위해서는
수용할 수 있는 열린 마음을 가져야 합니다.

Q 078

자녀 혹은 반려동물에게 꼭
해주고 싶은 말이 있다면 무엇인가?

A

우리의 삶은 결국 우리가 만드는 것이다.
- 윌리엄 셰익스피어

우리의 삶의 방향은 타인으로부터가 아닌 나로부터 정해집니다.

Q 079

요즘 스트레스를 푸는 방법은 무엇이며,
어떻게 효과가 있는가?

A

분노하는 사람이 언제나 현명한 것은 아니다.
-《오만과 편견》, 제인 오스틴

Q 080

새로운 도전이 닥치면
어떻게 대처하는가?

year　　*month*　　*day*

A

자신의 심장 소리를 인생의 나침반으로 삼아라.
아무것도 들리지 않는다면 그것은 당신이 너무 바쁘기 때문이다.
― 《스무 살에 만난 유대인 대부호의 가르침》, 혼다 켄

187

제9장

두 번째 인생의
참맛을 찾아서

Q 081

현대인에게 어떤 시기부터
중년이라 할 수 있겠는가?

A

중년은 인간, 그리고 이 인간이라는 유기체가 수행할 수 있는 일들에 있어
많은 중요한 변화를 야기한다. 따라서 우리가 최상의 삶을 추구한다면,
중년의 시작에 대해 심도 있는 주의를 기울일 필요가 있다.
인생의 절반만 최선을 다해 사는 것만으로는 충분하지 않기 때문이다.
우리는 나머지 절반도 최대한 잘 살아야 한다.
- 《인생을 최고로 사는 지혜》, 아놀드 베넷

Q 082

젊음과 나이 듦에 있어서 확실한
차이점은 무엇이라 생각하는가?

year   month   day

A

매일은 작은 삶이다: 매일의 깨어남과 일어남은 작은 탄생이고,
매일의 새로운 아침은 작은 청춘이며, 매일의 휴식과 잠은 작은 죽음이다.
- 아르투어 쇼펜하우어

삶은 시간과 운명으로 인하여 끊임없이 시작하고
부서지는 순간들의 연속입니다. 그럼에도 우리는
계속 내일의 아침을 생각하며 희망을 품고 새로운 부활을 기대합니다.

Q 083

나의 나이는 초년, 중년, 말년 중
어디에 속하는가, 왜 그렇게 생각하는가?

year　　month　　day

A

삶은, 비록 나에겐 첩첩한 비통만이 존재할지라도, 무엇보다 소중하다오.
그러니 지켜낼 것이라오.
- 《프랑켄슈타인》, 메리 셸리

195

Q 084

나는 나이 드는 과정에 있어서 행복한가?

year   month   day

A

우리는 항상 변화하고, 새로워지며, 자신을 젊게 해야 한다.
그렇지 않으면 우리는 굳어진다.
- 요한 볼프강 폰 괴테

변화하고 새로워지며 활기를 가지고 있어야
우리의 삶을 꾸리는 데 힘을 얻을 수 있습니다.
그렇지 않으면 우리는 점점 굳어져 더 이상
성장하지 못하는 존재가 될 것입니다.

197

Q 085

나이를 먹으며 더욱 가치가
깊어지는 것이 무엇이라 생각하는가?

year   month   day

A

오늘보다 더 소중한 것은 없다.
- 요한 볼프강 폰 괴테

오늘이라는 순간은 앞으로 다시 오지 않습니다.
이 순간이 가장 소중한 시간입니다.
우리는 매 순간순간을 즐겨야 합니다.

Q 086

나이가 들며 전반적으로 인생의 행복은
어디에 있다고 생각하는가?

A

의지가 존재한다면, 삶이 존재할 것이고, 세계가 존재할 것이다.
그리하여 삶은 살아있는 의지를 확실하게 만든다. 우리가 살아있는 의지로
충만해지는 한, 죽음이 존재하더라도, 우리의 존재에 대한 두려움은 없을 것이다.
- 아르투어 쇼펜하우어

의지가 있다면 삶은 끝없이 지속되며, 그 과정 속에서
우리는 새로운 의미와 가능성을 끊임없이 찾습니다.

Q 087

나이가 들며 젊은 날에 비해
지루함을 느끼는가?

year　　　*month*　　　*day*

A

삶은 고통과 지루함 사이를 왔다 갔다 하는 진자와 같다.
- 아르투어 쇼펜하우어

인간의 삶은 고통과 지루함 사이에서 지속해서 진동하며,
이를 통해 우리는 존재의 본질과 의미를 고민하게 됩니다.
우리는 삶의 복잡성과 개인 경험의 본질을 한 번 더 성찰하면서
깊은 통찰을 얻을 수 있습니다.

Q 088

나이가 드는 것의 가장 치명적이라
생각하는 문제점은 무엇이라 생각하는가?

year　　*month*　　*day*

A

인간은 청춘의 허물을 노년까지 끌고 가면 안 돼.
노년에는 노년만의 결점이 있으니까.
– 《괴테의 인생 수업》, 사이토 다카시

Q 089

앞으로의 커리어 전망에 대한
계획을 세워본다면?

year   month   day

A

나는 나를 둘러싼 환경의 결과물이 아니다.
나는 내가 내린 결정의 결과물이다.
-《스티븐 코비에게 배우는 효과적인 삶》, 스티븐 코비

Q 090

앞으로의 나이 듦에 있어서
가장 큰 덕목을 생각해본다면?

A

하지만 오늘을 사는 우리는 전화벨 소리, 기계 돌아가는 소리,
자동차 경적 소리 등 소음을 떠나서는 단 하루도 살 수가 없다.
우리는 매분 매초 전화선과 전신주, 잡동사니, 쓸모없는 물건으로
넘쳐나는 현실 세계를 볼 수밖에 없다. 이 모든 것은 평온이
아닌 긴장을 불러일으킨다. 이를 해결할 열쇠는
자연과 주변 세상에 있다. 하루하루 속에서 깨달음을 얻어야 한다.
- 《스티븐 코비에게 배우는 효과적인 삶》, 스티븐 코비

제10장

현명하게 산다는 것은
힘껏 사는 것

Q 091

'인간은 끊임없이 공동체를 생각하고,
공동체의 이익을 위해 자신의 욕망을
억제하지만, 그 노력이 결국 자신의
이익이라는 것을 알 만큼 지혜롭다.'
공동체를 위해 헌신한 경험이 있는가?

A

진정한 리더는 성공을 스스로의 용어로 정의한다.
다른 사람이 나 대신 성공을 정의하길 기다리지 않는다.
스스로를 영향력 있고 재능을 지닌 사람으로 바라보기 때문이다.
- 《스티븐 코비에게 배우는 효과적인 삶》, 스티븐 코비

Q 092

나는 어디서 내적 평화를
느끼며 살고 있는가?

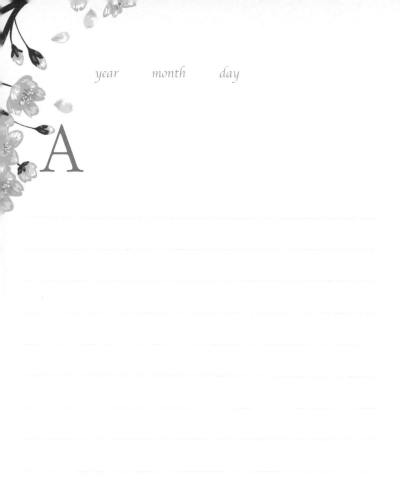

year   *month*   *day*

A

'감사하기는 신의 마음에 부합하도록 맞춰가고
숙죄하는 이 모든 과정을 한 단어로 설명한 것이다.
- 《부는 어디에서 오는가》, 월리스 와틀스

Q 093

내가 생각하는 내가 속한 공동체는
몇 가지인가? 그 공동체에서는
어떤 활동을 하는가?

year   month   day

A

스스로 할 수 있다고 해도 가능하면 많은
사람의 도움을 받아야 한다. 그 삶들이 감사하고
기뻐해주는 것이 성공을 앞당긴다.
모든 것을 혼자서 하겠다고 생각하지 마라.
- 《스무 살에 만난 유대인 대부호의 가르침》, 혼다 켄

Q 094

내가 생각하는 인간관계의 범위를
선으로 그리고, 그 속에 어떤 사람들이
속해 있는지 생각해본다.

Q 095

나는 공동체 생활의 개선을 위해
적극적으로 참여한 경험이 있는가?

year   *month*   *day*

A

사람을 사귈 때 가장 중요한 점은
나를 만나는 모든 사람이 풍요롭고 행복하기를 바라는 것이다.
-《스무 살에 만난 유대인 대부호의 가르침》, 혼다 켄

Q 096

내가 생각하는 '올바른 공동체'의
덕목에는 어떤 것들이 있는가?

year   month   day

A

의사든, 교사든, 성직자든 작업이 무엇이든 관계없이 다른 이들의 삶을
풍성하게 만드는 데 일조하고 상대로 하여금 그것을 느끼게 만든다면
저절로 사람이 모일 것이고, 부자가 될 것이다.
- 《부는 어디에서 오는가》, 윌리스 와틀스

223

Q 097

나의 성공은 공동체의 성공으로
이어질 수 있는가?
반대로, 내가 속한 공동체의 성공은
나의 성공으로 이어질 수 있는가?

year   month   day

A

성공은 그 분야에 필요한 능력이 충분히 갖춰졌는지에 달려있다.
-《부는 어디에서 오는가》, 월리스 와틀스

225

Q 098

내가 생각하는, 나에게 있어
가장 게으르고 비겁했던 순간은?

A

원하는 것을 얻기 위해 지나치게 흥정할 필요는 없다.
그렇다고 아예 흥정할 필요가 없다는 의미는 아니다. 다른 사람과
아예 거래할 필요가 없다는 의미도 아니다. 불공정한 거래를 할 필요가 없다는
의미이다. 아무것도 주지 않고 무언가를 얻는 대신
오히려 받은 것 이상으로 상대에게 줄 수 있다는 의미다.
- 《부는 어디에서 오는가》, 월리스 와틀스

Q 099

내가 생각하는, 나에게 있어 가장
현명하고 충만했던 순간은?

year   month   day

A

올바른 원칙을 바탕으로 우리 삶을 이끌어가고
선택의 순간에 진실해지기 위해 우리는 큰 용기를 발휘해야 한다.
- 《스티븐 코비에게 배우는 효과적인 삶》, 스티븐 코비

Q 100

이 모든 것들을 답변한 후, 인생의 진정한
성공을 한 문장으로 정리한다면?

year   month   day

A

변화는 보통 아픔을 동반하지. 친구가 없어진다거나 현재의 배우자와
이별하거나 상사나 동료가 떠나가거나, 과거의 자신과도
결별해야 할지도 모른다네. 그런 예측하지 못할 상황과 마주치기보다는
풍요롭지 않지만 행복한 현재 상황을 소망하게 되는 것이지.
진정한 성공이란 인생에 자기 자신을 온전히 맡기는 것이네.
- 《스무 살에 만난 유대인 대부호의 가르침》, 혼다 켄

231

내가 인생에서 힘껏 껴안는 것들

해질녘 타는 버스, 아무런 할 일이 없는 주말, 초여름에 피는 빨간 장미, 잔잔한 혼네(HONNE) 음악, 커피를 앞에 두고 하는 이야기들, 여름 삼청동, 새로 산 노트에 일기를 적는 일, 아무것도 바르지 않은 맨손톱, 카페인 한 컵짜리 새벽, 엄마와 손잡고 장을 보는 일, 지루한 장마 중 커다란 천둥소리, 예전 사진첩을 뒤적이는 일. 사랑하는 일은 관두기 싫으니까. 사랑하는 일을 그만두면 사랑받는 일도 의미가 없어지므로, 사랑하고 또 사랑하고.

모두 다 사랑했고 사랑하는 일들입니다. 지극히 개인적인 영역이지만 이런 취향들이 모여 우리의 사생활을 만들곤 합니다. 당신은 이 책의 질문에 따라 자신의 사적인 이야기를 적어 내려갔을 것입니다. 당신의 가치관은 어땠나요, 불편하게 느껴진 질문에도 답을 하셨나요, 자기에 관한 질문임에도 답을 몰라 망설이다가 공백이 생겨버리지는 않았나요. 어찌 됐든 이

책을 완성하셨다면, 여기까지 오시느라 고생 많으셨습니다.

100일이란 시간 동안 인생을 꿰뚫는 일이란 어렵습니다. 사람은 변화무쌍한 존재이니, 이 책이 살면서 여러 권 필요하게 될지도 모르겠습니다. 사람은 누구나 성공한 인생을 살고 싶어 합니다. 하지만 자기 인생의 성공과 실패를 감히 누가 나눌 수 있겠습니까. 우리는 매 순간 자신을 평가하고 나아지려 노력해야 한다고 생각합니다. 하지만 "아, 잘 살았다!"라며 경쾌하게 이 세상을 떠날 수 있는 이도 얼마 없을 것입니다.

그러나 우리는 '잘' 살아가야 합니다. 나만의 가치를 찾아 나만의 풍요로움을 느끼며 온전한 나만의 인생을 살아가야 합니다. 이 책이 당신의 그러한 인생의 길잡이가 되었기를 소망합니다. 매 순간 행복할 수는 없으나 후회하지 않는 삶을 삽시다.

100일 동안 나에게 변화가 있었다면 어떤 것들이 있었는지 써보세요.

1

2

3

4

5

6

7

8

9

10

이제 현실로 일어났으면 하는 일들이 있다면 무엇인지 써보세요.
내가 요즘 갖고 싶은 위시리스트도 좋고 죽기 전에 하고 싶은 버킷리스트도 좋습니다.
내가 나에게 바라는 점을 다양하게 써보세요!

1

2

3

4

5

6

7

8

9

10

생각을 현실로 만드는
백문백답

초판 1쇄 발행 2024년 11월 22일

지은이 | 이진아
펴낸이 | 정광성
펴낸곳 | 알파미디어
편집 | 이현진
홍보·마케팅 | 이인택
디자인 | 황하나

출판등록 | 제2018-000063호
주소 | 05387 서울시 강동구 천호옛12길 18, 한빛빌딩 2층(성내동)
전화 | 02 487 2041
팩스 | 02 488 2040
ISBN | 979-11-91122-78-7 (13190)

* 이 책은 저작권법에 따라 보호를 받는 저작물이므로 무단전재와 복제를 금합니다.
* 이 책 내용의 전부 또는 일부를 사용하려면 반드시 저작권자의 서면 동의를 받아야 합니다.
* 잘못된 책이나 파손된 책은 구입하신 서점에서 교환하여 드립니다.